Das alles kannst Du selber machen:

W0085761

Schneegestöber

MATERIAL
- Plastilin
- Zahnstocher
- leeres Marmeladenglas
- mit Schraubverschluß
- Glimmer
- weiße Plastiktüte

Forme aus Plastilin eine Figur, die gut in das Glas hineinpaßt. Arme und Beine kannst du mit Zahnstochern noch stabilisieren. In den Schraubdeckel drückst du einen Boden aus Plastilin. Darauf wird die Figur gut befestigt. Beides gut andrücken!
Schneide aus der Plastiktüte winzig kleine Schnipsel. Das Glas mit Wasser füllen, Glimmer und Plastikschnipsel zugeben und den Deckel fest zuschrauben. Nun schüttel mal…

so überprüfst du den Wasserstand

schneit es bei dir auch so schön?

MATERIAL
- weißes Schreibpapier
- weißes Seidenpapier
- Zeichenpapier
- Spritzsieb oder Teesieb
- Zahnbürste
- Wasserfarben
- Klebstoff

Wintersterne

Für einen sechsstrahligen Schneestern falte ein
quadratisches Papier so, wie du es auf Zeichnung
1–3 siehst. Sorgfältig das Muster aufmalen und
ausschneiden, vorsichtig auffalten und auf weißes
Seidenpapier kleben. Zum Andrücken legst du
am besten ein Deckblatt darüber. Nach dem
Trocknen das Ganze nochmals falten und, mit
etwas Randzugabe, das überstehende Seidenpapier abschneiden.

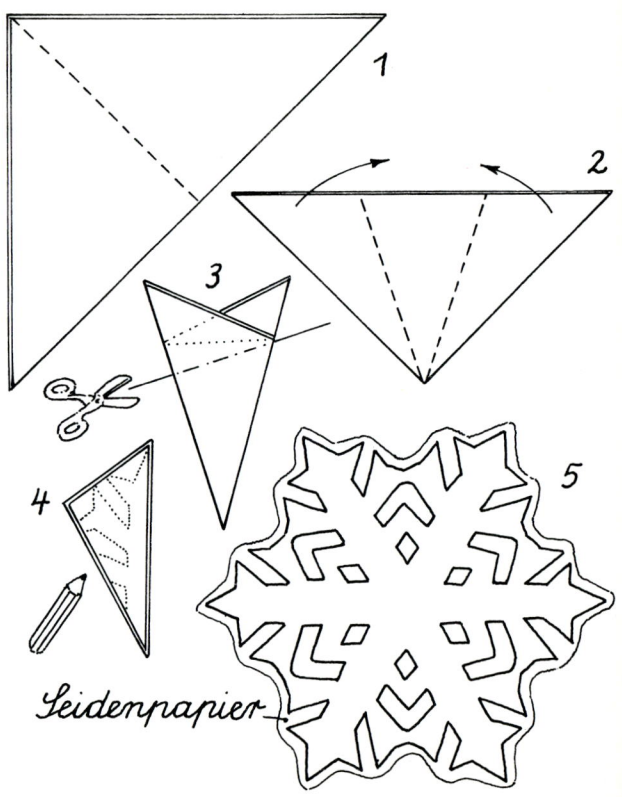

Seidenpapier

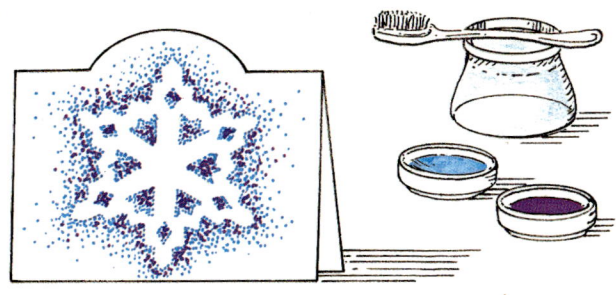

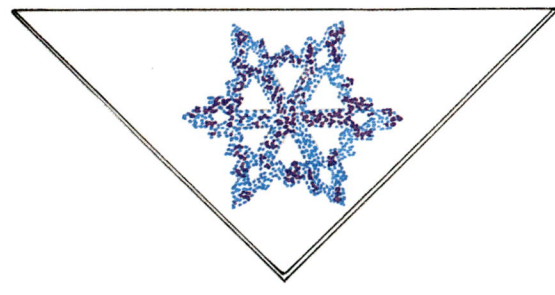

Teepunsch:

¾ Liter Brombeerblättertee zubereiten. ¾ Liter Apfelsaft mit 2 Nelken und 1 Zimtstange aufkochen. Den Saft von 2 Orangen und eine in Scheiben geschnittene ungespritzte Zitrone beifügen und alles ein paar Minuten ziehen lassen. Durch ein Sieb zum Tee gießen und mit Zucker oder Honig süßen. In jedem Glas läßt du eine Zitronenscheibe schwimmen.

Für eine winterliche Einladung schneidest du aus Zeichenpapier Einladungskarten, Tischkarten und Tischsets, legst hübsch geschnittene Schneesterne darauf und überspritzt sie mit Farbe (wie auf Seite 18).

Schneebälle

MATERIAL
- Papiertaschentücher
- weiße Watte
- leere Walnußhälften
- Kieselsteinchen
- Tapetenkleister

Zellstoff
Watte
Nuß
Stein

Für einen Schneeball klebst du zwei passende
Nußhälften mit einem darin eingeschlossenen
kleinen Stein zusammen. Gut trocknen lassen!
In der Zwischenzeit in einer Schüssel den Kleister
zubereiten. Nimm etwas weniger Wasser, als in
der Gebrauchsanweisung empfohlen. Die Nuß
mit Kleister bestreichen und mit einer dünnen
Watteschicht umhüllen. Das Papiertaschentuch
in einzelne Lagen zerlegen. Eine um die Watte
herumwickeln, mit Kleister bestreichen, und eine
zweite Schicht straff um die Nuß legen. Dies
noch 2- bis 3mal wiederholen. Unebenheiten
kannst du mit Watte ausfüllen und mit einer
Lage des Papiertaschentuchs überdecken. Der
Schneeball muß nun etwa einen Tag trocknen.

Plan-
aufteilung
für
Spiel 3 →

Vier Schneeballspiele:

1. Zielwerfen auf ein großes Kissen.

2. Rollen lassen und mit verbundenen Augen, nur nach Gehör, suchen.

3. Den Schneeball über ein Brett auf einen Kissenberg rollen und auf der anderen Seite hinunterkugeln lassen. Hinter dem Berg liegt der Spielplan. Rollt der Ball auf einen Schneestern, so zählt dies 1 Punkt, bei zwei 2, bei drei 3 Punkte. Rollt er auf die Sonne, so scheidet der betreffende Schneeball aus, er schmilzt.

4. Aus zwei oder mehreren Richtungen werden Bälle aufeinander zu gerollt – welche treffen sich?

MATERIAL
- **leere Streichholzschachteln**
- **Tonpapier**
- **Klebstoff**
- **Faden**
- **Zahnstocher**
- **Farbstifte**

1. Schneide das Tonpapier so zurecht, daß die Sitzfläche die Schachtel vorne und hinten überragt und die Kufen 2-5 mm höher sind als die Schachtel. Dann falte das Papier und klebe es an drei Seiten fest. Bemale den Schlitten und knote eine Zugschnur daran.

Auf diesem Schlitten muß der Schlittenfahrer (Seite 13) angeklebt werden.

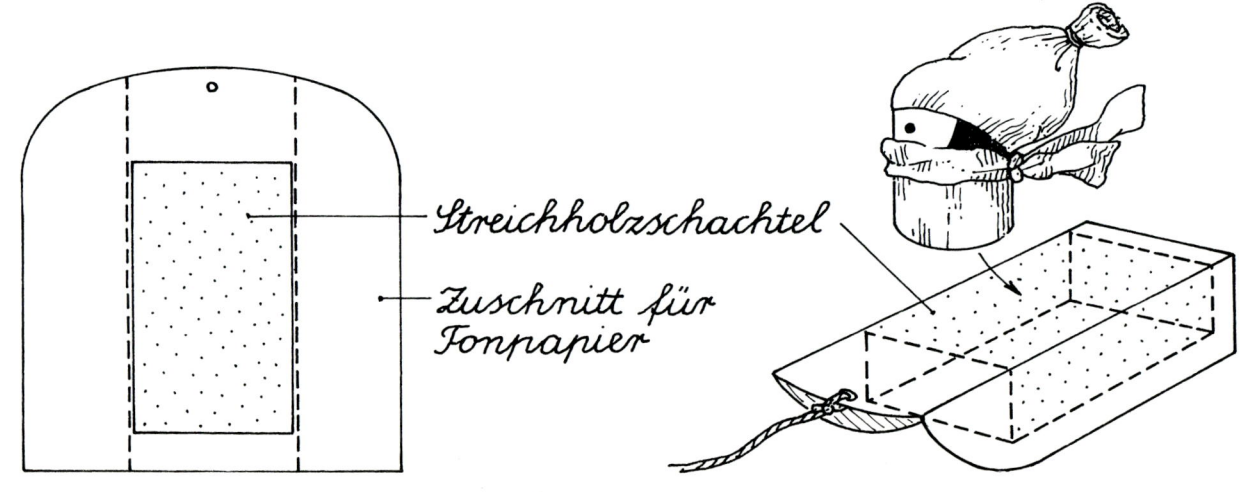

Streichholzschachtel

Zuschnitt für Tonpapier

2. Dazu brauchst du nur die Schublade der Streichholzschachtel. Zeichne zwei gleiche Kufen auf das Tonpapier und schneide sie aus. Sie sollten 2-5 mm höher als die Schublade sein und diese vorne und hinten überragen. Weit vorstehende Teile kannst du mit einem Zahnstocher verbinden.

Die Schlittenfahrer können sich bequem in den Schlitten setzen.

3. Hierzu benötigst du 2 Streichholzschachtelhüllen und 1 Schublade. Klebe die Schublade zwischen beide Hüllen. Zeichne die beiden Seitenteile auf Tonpapier vor, schneide sie aus und klebe sie seitlich an den Schachteln fest. Dann wird noch ein Zahnstocher zum Schieben angebracht und alles angemalt.

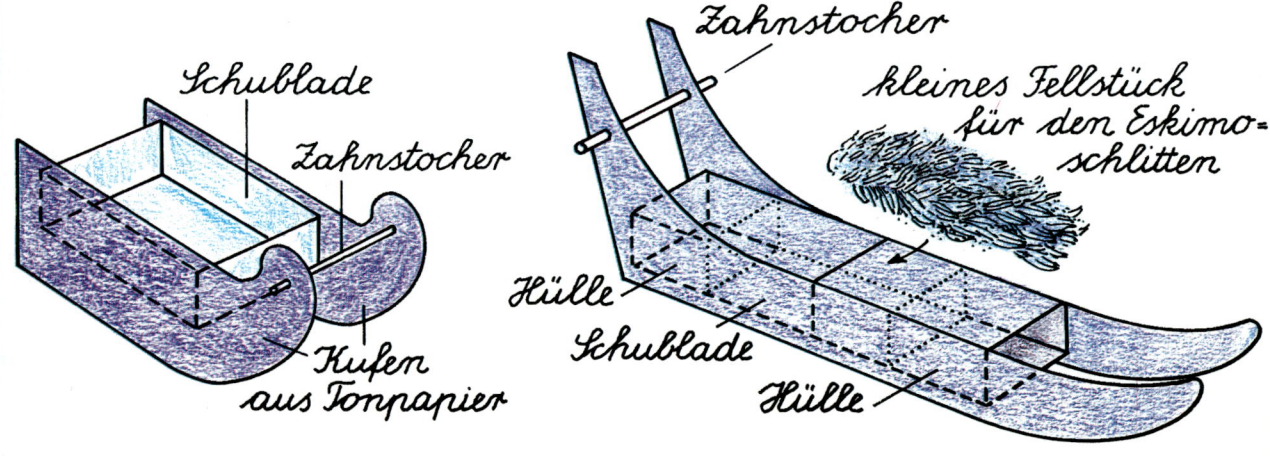

Schublade

Zahnstocher

Kufen aus Tonpapier

Zahnstocher

kleines Fellstück für den Eskimo= schlitten

Hülle

Schublade

Hülle

MATERIAL
- Korken
- Tonpapier
- Kreppapier
- Faden
- Klebstoff
- Buntstifte

Schneide mit einem Messer den Korken in der gewünschten Länge zu. Das Kleid aus einem rechteckigen Stück Kreppapier klebst du um den Korken.

Auch die Mütze besteht aus einem rechteckigen Stück Kreppapier. Klebe es zu einem Zylinder zusammen und binde das obere Ende mit einem Faden zu.

Als Schal knotest du ein langes Stück Kreppapier um den Hals.

Für die Arme schneidest du aus Tonpapier einen Streifen von etwa 1 x 9 cm. Umklebe ihn (außer an den Enden, wo die Hände sind) mit Kreppapier. Dann klebe ihn so am Rücken des Schlittenfahrers fest, daß die Arme gleich lang sind.

MATERIAL
- kleine Papprollen
- Zeichenpapier
- Kreppapier
- Tonpapier
- Pappe
- Zahnstocher
- 2 Musterklammern
- Faden
- Klebstoff
- Wasserfarben
- Filzstifte

Klebe für den Kopf einen Streifen Zeichenpapier mit möglichst hautähnlicher Farbe rund um das obere Ende der Rolle.
Den Skianzug schneidest du aus Kreppapier (oder aus Zeichenpapier mit aufgemalten Mustern) und klebst ihn um die untere Körperhälfte.
Ein Rechteck aus Kreppapier, zu einem Zylinder geklebt und oben zugebunden, ergibt die Mütze.

Arme und Hände schneidest du aus Tonpapier, die Hände in doppelter Länge. Die Arme bekommen dieselbe Farbe oder das Muster wie der Skianzug. Die Hände werden in der Mitte umgebogen und nach innen geklebt. Sie umfassen Skistöcke aus Zahnstochern mit einem Tonpapierteller am unteren Ende.

Die Arme werden mit Musterklammern am Körper befestigt. So können sie hin und her bewegt werden.

Die Skier werden in der Breite des Skifahrerkörpers aus einem Stück Pappe geschnitten und bemalt. Dann wird der Skifahrer darauf geklebt. Du kannst den Skifahrer mit Haaren, Knöpfen, aufgemalten Taschen, einem langen Schal und vielem anderem schmücken und ihm mit Filzstiften ein lustiges Gesicht aufmalen.

Schneemann

MATERIAL
- Papiertaschentücher
- weiße Watte
- Tapetenkleister
- Walnüsse
- 1 Haselnuß
- Stoff- und Wollreste
- schwarzes Tonpapier
- 1 Streichholz
- Klebstoff
- Filzstifte

1

Ein Schneemann wird aus mehreren Schnee-
bällen (wie auf Seite 8) gebaut. Je nachdem, wie
groß er werden soll, brauchst du 1, 2 oder 3
Walnüsse und 1 Haselnuß für den Kopf. Verbinde
die einzelnen Teile mit gut eingekleisterter Watte
oder Taschentuchstückchen.
Für die Arme faltest du ein paar Taschentuchlagen zu einer langen oder zwei kurzen Rollen.
Umhülle sie dick und befestige sie mit beklei-
sterten Taschentuchlagen. Große Unebenheiten
kannst du mit Watte ausfüllen und mit Taschentuchlagen überdecken. Sorge rechtzeitig dafür,
daß in der Armbeuge für den Besen eine
Öffnung entsteht. Ein orange gefärbtes Streich-
holzstück wird zur Nase. Bohre ein Loch vor und
klebe sie hinein. Jetzt fehlen noch Augen, Mund
und Knöpfe. Du kannst sie malen, kannst Perlen
ankleben oder Stecknadeln einstecken.

Stoff- und Wollreste dienen als Schal, ein Stöckchen oder Zweig als Besen, Flaschenverschlüsse als Hut. Wie der Zylinder gebastelt wird, siehst du auf Zeichnung 2.

MATERIAL
- **Zapfen aller Art**
- **weiße Plakafarbe**
- **Glimmer**
- **Korken**
- **fester Karton**
- **Plastilin**
- **Klebstoff**

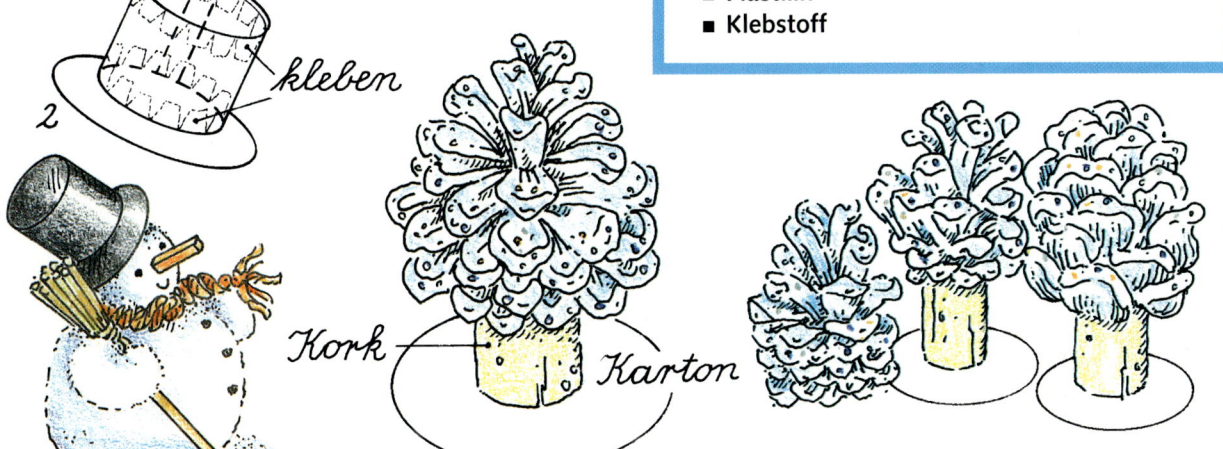

2 *kleben*

Kork — *Karton*

Trockene Zapfen werden mit der Plakafarbe angemalt und sofort mit Glimmer bestreut.

MATERIAL
- weißer, fester Karton
- weiße Watte
- Wasserfarben
- Spritzsieb oder Teesieb
- Zahnbürste
- weißer Faden
- Nadel

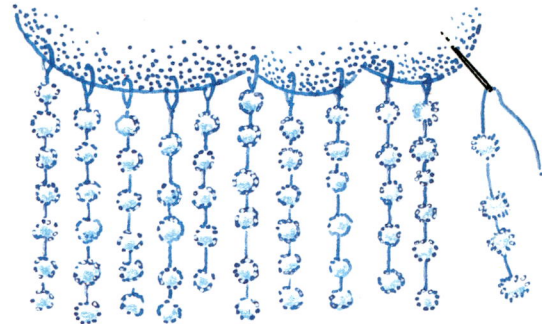

Schneide aus dem Karton eine Wolke. An der Unterseite wird sie fein bespritzt: Bedecke den Tisch mit alten Zeitungen und lege die Wolke darauf. Mit einem Pinsel rührst du die Farbe im Malkasten so lange mit Wasser an, bis sich ein dicklicher Brei gebildet hat. Nimm etwas davon auf die Zahnbürste und streiche sie erst sacht, dann kräftiger auf dem Sieb hin und her. Du siehst, wo die Farbtröpfchen hinspritzen, und kannst die Wolke dorthin schieben. Die „Schneeflocken" werden an Fäden festgeknotet. Wenn genügend an einem Faden hängen, wird dieser durch die Wolke gefädelt und verknotet.

Leuchtende Häuschen

MATERIAL
- festes Zeichenpapier
- farbiges Transparentpapier
- weiße Watte
- Klebstoff
- Wasserfarben

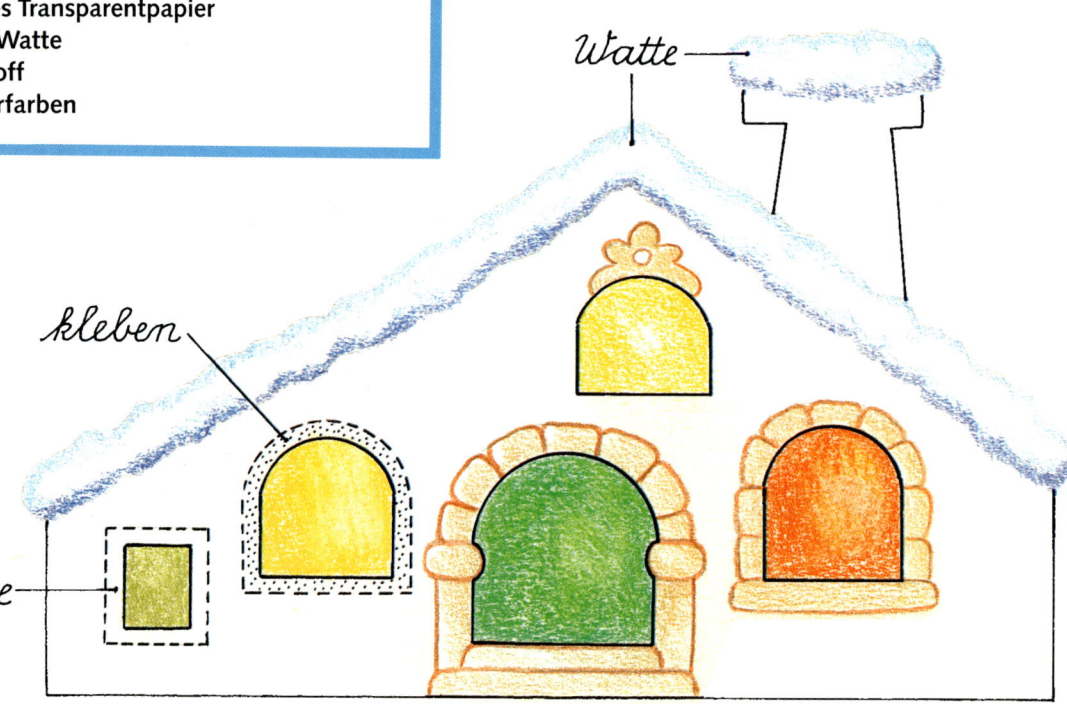

Watte

kleben

Zugabe

Zeichne ein Haus mit Fenstern und Tür auf
Zeichenpapier. Schneide entlang der Umrisse
Fenster- und Türöffnungen aus. Achte darauf,
daß bei der Tür eine Schwelle stehenbleibt. Nun
kannst du das Haus bemalen.
Klebe hinter jedes Fenster und jede Tür farbiges
Transparentpapier. Wenn du zwei oder mehr
Farben übereinanderklebst, entstehen ganz neue
Farbtöne.
Zum Schluß klebst du einen dünnen Watte-
streifen als Schnee an den Dachrand und auf
den Kamin.

Leuchtende Häuschen

MATERIAL
- ■ **1 Astgabel**
- ■ **2 Stöcke**
- ■ **Blumentopf und Untersetzer aus Ton**
- ■ **Pappröhre mit Verschluß**
- ■ **dünne Pappe**
- ■ **Korkfolie oder Dachpappe**
- ■ **Schnur**
- ■ **Klebstoff**
- ■ **Moos**

Vogelhäuschen:

Schneide die Pappröhre in der gewünschten Länge ab und am unteren Rand eine Öffnung ein. Der Untersetzer sollte im Durchmesser 4–5 cm größer sein als die Pappröhre. Klebe diese auf dem Untersetzer fest. Die obere Öffnung verschließt du mit dem Deckel. Aus der Pappe schneidest du eine Scheibe von 30–40 cm Durchmesser. Diese Scheibe wird eingeschnitten, zu einem Kegel geformt und zusammengeklebt. Zum Schutz vor Nässe mit

Korkfolie außen und innen überkleben. Wenn du keine Korkfolie bekommst, kannst du auch Dachpappe, Alufolie, „d-c-fix" oder dünnes Linoleum nehmen.

mit Futter füllen

Grundform fürs Dach

kleben

mit Korkfolie beziehen

Moos

Stelle den Blumenteller auf die Astgabel. Binde an jedem Astende eine Schnur fest. Ziehe die drei Schnüre entlang der Pappröhre durch je ein Loch im Dach und verknote die Schnurenden. Schön sieht es aus, wenn du noch Moos auf das Dach legst. Zum Füllen hebst du das Dach ab, öffnest die Pappröhre und schüttest das Futter hinein.

Vogelfutterstelle

Meisenglocke:

Knote die Aufhängeschnur an ein Stöckchen und ziehe sie durch das Loch im Blumentopf von innen nach außen. Ein langer Stock wird im Inneren des Topfes im Loch verankert.

Für die Füllung wird Rindertalg im Kochtopf geschmolzen. Etwas erkalten lassen, Vogelfutter dazugeben und umrühren. Wenn die Mischung zu erstarren beginnt, das Loch im Topf sorgfältig mit Alufolie verstopfen und den Topf mit der Mischung füllen. Der Stock sollte beim Einfüllen in der Mitte des Topfes stehen, damit die Meisen ringsherum ihre Nahrung picken können.

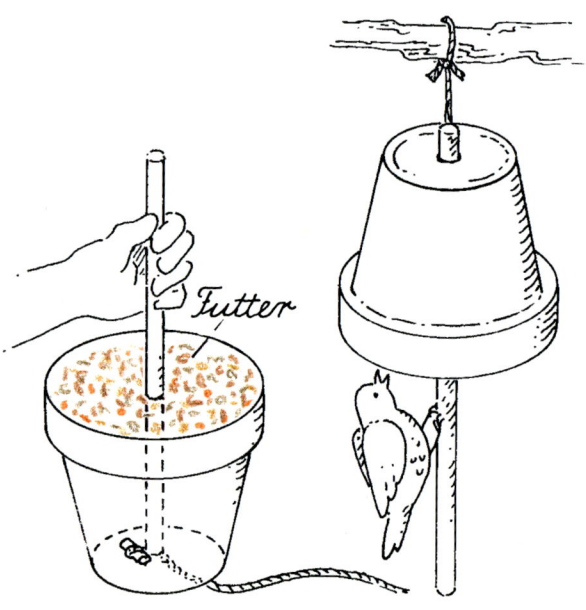

Meisenring:

Klebe zwei etwa 2,5 cm breite Pappstreifen zu zwei verschieden großen Ringen zusammen. Beim äußeren Ring an der Klebestelle eine Schnur zum Aufhängen nach außen durchziehen. Auf einem Kuchenblech oder auf Alufolie die Ringe ineinanderlegen. Den Zwischenraum mit der Futtermischung füllen und erkalten lassen.

MATERIAL
- **Korken**
- **Teddystoffreste**
- **Fensterlederreste**
- **Farbstifte**
- **Klebstoff**

Schneide aus dem Leder ein Rechteck in der Größe des Korkens. Für das Gesicht wird ein Loch herausgeschnitten. Das Lederstück um den Korken kleben und diesen oben mit einem runden Lederstückchen bekleben.
Dann wird ein schmaler Streifen Teddystoff rund um die Gesichtsöffnung geklebt.
Die Arme schneidest du ebenfalls aus Fensterleder. Klebe an beiden Enden Teddystoff als Handschuhe an. Zuletzt malst du noch das Gesicht auf.

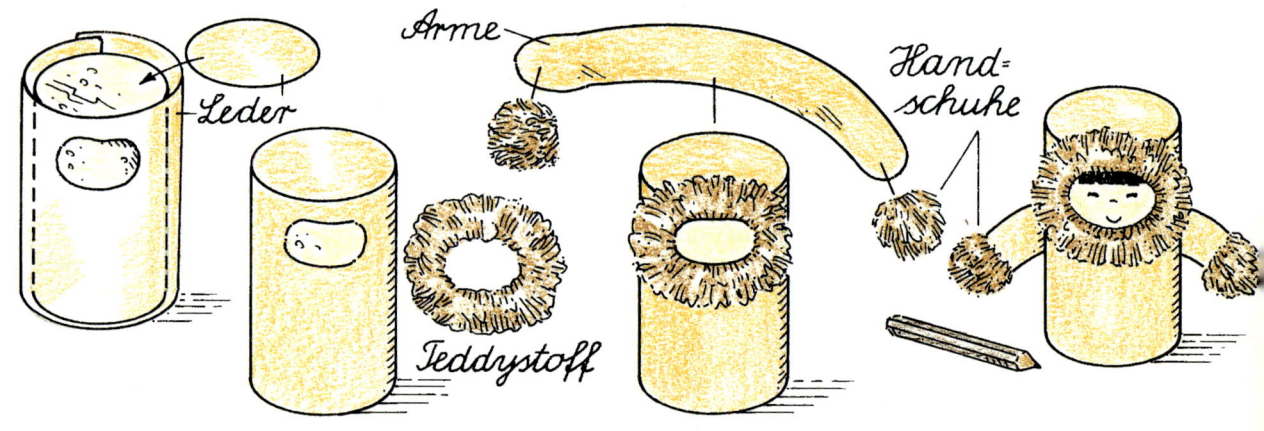

Leder · Arme · Hand=schuhe · Teddystoff

MATERIAL
- 1 Luftballon
- Zeitungspapier
- Tapetenkleister
- weiße Plakafarbe

Blase den Ballon auf und stelle ihn in ein Gefäß. Reiße das Zeitungspapier in schmale Streifen. Bedecke den Tisch mit Zeitungen und lege die Papierstreifen darauf. Bestreiche sie dick mit Kleister und klebe sie in vier bis fünf Schichten um die obere Hälfte des Ballons. Nach dem Trocknen (an der Heizung etwa ein Tag) schneidest du eine Türöffnung aus und malst das Iglu weiß an.

Luftballon

Kleister

Papier=streifen

WEISS

Iglu

MATERIAL
- **weißes Papier**
- **Wasserfarben**
- **Klebstoff**

Die Tierform kannst du von Seite 30/31 abpausen. Falte ein Stück Papier in der Mitte, übertrage die Form und schneide sie aus.

Form anknicken

1. Falz

2. Falz

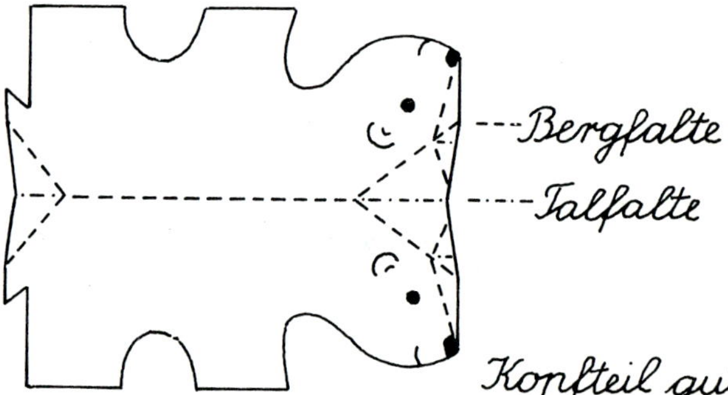

Bergfalte

Talfalte

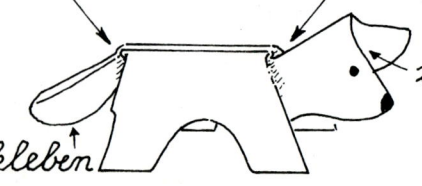

Falten nach innen schieben

kleben

zusammenkleben

Kopfteil gut verkleben

kleben

Falte
nach innen

kleben

kleben

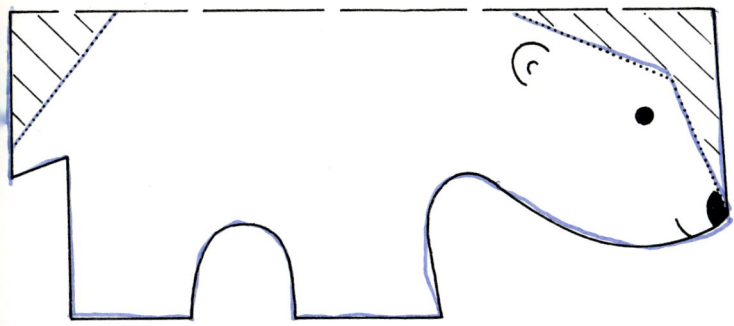

Die gepunkteten Linien werden gefaltet und die
Falte nach innen geklebt.
Die gestrichelten Linien werden gefaltet und die
Falte nach innen geschoben.
Die schraffierten Teile werden zusammengeklebt.
Zum Schluß malst du deine Tiere noch an.

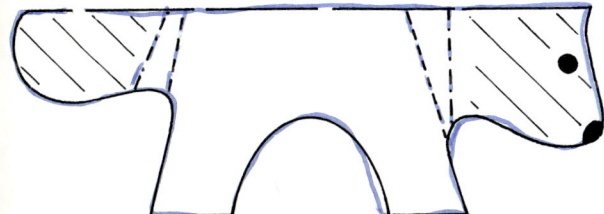

Polartiere

Das gibt es vom Bas...
Bunte Hefte zum Basteln und Sp...

Wir basteln mit Nüssen
Piratenfest
Für kleine Indianer
Lustige Geschenke aus Salzteig
Basteln mit Papiermaché
Weihnachtsgeschenke   erst backen – dann verpacken
Bastelspaß am Meer

und noch mehr findest du in dem Sammelband
Mein buntes Bastelbuch

Ravensburger Bastelbär
© 1995 und 1991
Ravensburger Buchverlag
Alle Rechte vorbehalten
Printed in Germany

Elisabeth Gloor (Idee, Text)
Christl Burggraf (Grafiken)
Cornelia Funke (Bastelbär-Grafiken)
Ulrike Schneiders (Fotos)
Ekkehard Drechsel (Umschlaggestaltung)
Ulla Minje (Redaktion)

4   3   2   1   98 97 96 95   **Ravensburger Buchverlag**

ISBN 3-473-37589-6   DM 3,80

9 783473 375899